D1723449

"Juste pour aujoud'hui..."

La puissance de l'intention

Aphorismes:

Raynald Bordin alias Raynald Bee

Illustrations:

Elsa Nogaret alias Manzelle Oupss

Préface

A tout bien regarder, lorsqu'il s'agit d'être attentif à une manifestation, beaucoup de représentations et de croyances s'entremêlent. Car tout part d'une définition. Et pas n'importe laquelle, LA définition.

C'est ce pointeur qui permet de faire se rencontrer tous les personnages, les individus d'un conditionnement donné en ce point de focalisation où l'énergie de transcendance s'exprime.

Si toi et moi, deux individus pour une histoire, nous nous rencontrons sur cette définition et que nous y marrions notre intellect et notre énergie émotionnelle, de cet engagement naît l'enseignement puis la pratique de cette puissance de l'intention auxquels tu décides en conscience de prendre adhésion.

Par ailleurs, je te propose la définition suivante. Celle du Dr Wayne Dyer qui la traduit comme étant une force de l'univers qui permet à l'action de création de prendre place. Il ne s'agit pas de quelque chose que tu fais, mais d'une énergie à laquelle tu fais partie intégrante.

Et cela se vérifie et se manifeste clairement, si en levant tout de suite les yeux autour de toi et en regardant même pendant quelques secondes, que tu fais partie d'un tout, conditionné non seulement par de la matière mais par un monde d'idées qu'il n'appartient qu'à toi d'aller explorer. Et c'est de ce monde d'idées dont il va s'agir pendant toute la durée de l'ouvrage que tu feuillettes. Une idée, c'est ce qui émane directement du champ de conscience universelle à laquelle tout individu, disposant d'une faculté de croire et d'espérer, adopte et fait vibrer à mesure que son expérience se déroule dans la matière.

Je t'invite simplement à te connecter à la première pensée qui t'est parvenue en tête au réveil ce matin. En as-tu souvenir ? Était-ce un rêve ou un cauchemar ? Que décides-tu d'en faire ?
C'est à ce stade de ta mise en mouvement progressive qu'elle est facilement disponible. Car tu vas réaliser, à mesure que la pratique va se dérouler, que tu peux être maître de ta journée et de la façon dont celle-ci peut s'articuler.

Comme tout événement, la vibration qui permet une transformation complète de ton état ne réside pas dans l'évènement en lui-même mais de ce que tu décides d'en faire, compte tenu des idées et croyances que tu considères comme vraies.

J'ai une bonne nouvelle pour toi. Ces idées ne sont pas gravées dans la roche et il n'appartient qu'à toi de les changer, des les ancrer, de les faire mûrir et ainsi tendre vers une autre réalité, d'autre possibles à condition que ta vibration et ton niveau d'énergie soient élevés.

Et ce, « Juste Pour Aujourd'hui ». Tout simplement parce qu'hier est passé et demain n'est pas encore là. Tu n'as pas la main sur le planning que tu envisages et sur celui qui s'est écoulé. En revanche, l'instant présent, c'est aujourd'hui et c'est celui-ci qui te permet de poser l'intention pour amorcer le processus.

De ce fait, il t'appartient de te maintenir en bonne santé, en bonne forme, d'être ouvert et curieux et expérimenter ce que tu n'as jamais fait pour obtenir ce que tu n'as jamais eu. Avec de la joie, de l'audace, du panache et confiant que ton intention du jour est solidement fixée à ta propre conscience. Et ce quelle que soit la tournure que peuvent prendre les évènements.

Dans cet ouvrage qui se veut pratique, ludique et illustré, Elsa et moi te proposons la méthode pas à pas à répéter pendant 21 jours, puis 30, puis 49 et jusqu'à 100 jours pour ancrer le mécanisme de l'intention ainsi que des affirmations qui vont aider à fertiliser cette intention pour que la manifestation puisse être ostensiblement perçue.

Il est crucial que tu disposes d'un autel ou d'un lieu où tu peux te retirer facilement pour ritualiser, de préférence le matin, et laisser s'écouler l'énergie sous forme de demande universelle ou de prière où toutes les forces subtiles et bienveillantes ne demandent qu'à t'aider et t'encourager, dès lors que ta vibration est haute.

Je m'appelle Raynald Bee, accompagnant de transformation sereine, créateur de contenus de sérénité et podcaster depuis 2011. Si j'en suis rendu à ce stade aujourd'hui, c'est que j'ai moi-même pu goûter aux joies de la transformation de ma réalité tout au long de ces années et que l'enseigner a permis d'accentuer et de préciser de manière sûre toutes ces manifestations.

Avec Elsa et moi, entre dans la perpétuation et la ritualisation de l'extraordinaire. C'est une joie intense qui permet de prendre conscience à quel point nous avons la main sur les circonstances et sur le train où vont ces choses qui nous paraissaient inaccessibles de façon illusoire.

Aussi, l'énergie de la gratitude et de l'appréciation est cruciale, et je l'emploie ici pour te remercier de ta confiance auprès de la #Team-Sérénité pour voguer avec nous dans notre propre évolution.

Au plaisir de t'accompagner à la pratique de «Juste Pour Aujourd'hui – La Puissance de l'intention».

Une pensée aimante et émue pour Elsa, " Ma Oupss". Merci pour ta patience et ta tolérance tout au long de l'avancée de ce projet.

Merci à tout ceux qui nous ont soutenu et fait confiance, sans oublier nos familles, des Cévennes comme de Guadeloupe ainsi que nos relectrices et contributeurs qui sauront se reconnaître.

La sérénité n'est pas l'arrivée, mais le chemin pour y arriver.
Pour inspiration à tout ce qui respire.

Raynald

Cher(e) lecteur(trice),

C'est avec une joie intense et un immense enthousiasme que nous vous présentons le fruit de cette collaboration. Dans ce livre illustré nous vous invitons à découvrir, à jouer avec la puissance de l'intention et à développer votre pouvoir créateur au travers d'une fabuleuse aventure dans le monde des pensées conscientes et des objectifs clairs.

Voici la fin d'un projet, le début d'une nouvelle aventure qui a pris naissance il y a quelques années, au détour d'une inspiration saisie. les premières exquises sont apparues, simples, peu colorées car à ce moment-là, le but n'était pas de publier un livre mais d'apprivoiser une tablette graphique acquise quelques jours auparavant. Une évidence... un jeu... une connexion entre deux inspirations... la naissance d'un ouvrage...

Cette aventure ne serait complète sans exprimer mes sincères remerciements envers Raynald et toutes les personnes qui nous ont soutenues tout au long du processus.

Je vous souhaite une expérience riche en émotions et je vous remercie de partager cette aventure avec la Team-Serenite.

Puisse cet ouvrage vous inspirer, vous guider et vous encourager à explorer la puissance infinie de l'intention dans votre quotidien.

Bien à vous

Elsa

Comment pratiquer la Puissance de l'Intention ?

Dans cette partie nous allons expliquer le processus évolutif permettant la pratique sous forme de rituel de la puissance de l'intention et permettre la manifestation de notre histoire de vie selon notre vibration du moment.

C'est en ritualisant de manière précise, régulière, disciplinée et engagée que j'ai pu à mon niveau transformer sereinement mes piliers de plénitude et concevoir l'histoire de vie qui me correspond et bien au-delà de mes attentes.

Alors bien sûr, il peut y avoir des phénomènes insoupçonnés qui se manifestent subitement sur certaines allées de cette grande cité que constitue la vie que tu mènes actuellement. C'est tout à fait normal que quelque chose se libère pour laisser place à la manifestation souhaitée. Cela fait entièrement partie du processus de transformation.
Une étude de cas de transformation sereine est alors recommandée pour expliquer certaines choses si nous sentons qu'il y a comme une incompréhension compte tenu de ce qui se joue.

Toujours est-il que l'aide existe et il nous appartient de la solliciter pour avancer vers cette manifestation qui nous tend les bras à chaque instant.
- En début de journée, adopter la posture juste :
Pieds ancrés au sol, dos droit, épaules relâchées, menton légèrement rentré dans le cou, paume des mains face au ciel avec le dos des mains qui repose sur les genoux.

- Entrer en communication avec son moi véritable, sa part divine :
Fermer les yeux et simplement demander à soi-même l'accès à sa part divine, sa nature profonde et véritable.

- Lire à voix haute l'aphorisme, la répéter 7 fois :
Commencer la phrase par « Juste pour aujourd'hui... »

- Prendre un temps d'observation sur l'illustration qui s'y rapporte. Regarder chaque contour, chaque forme, chaque symbolique en étant présent avec soi.

o Lire chacune des affirmations à 7 reprises :
Mettre l'intention, le cœur, la croyance et la foi avec autant de sincérité que possible.

o Relire une dernière fois l'aphorisme en commençant par : « Juste pour aujourd'hui... »

o Prendre un temps de méditation en fermant les yeux et en adoptant la respiration calmante (inspiration par le nez en gonflant le ventre, expiration par la bouche en le dégonflant) L'aphorisme et les affirmations se déversent dans notre vécu avec l'énergie du « déjà accompli ». Notre corps physique devient canal de ce qui va se produire dans la matière de par nos actions à venir.

o Mettre les mains à plat au niveau du sternum (chakra du cœur) , se remercier et remercier le Divin qui est en nous.

o Entrer dans le moment présent et dans l'action avec certitude et confiance que l'affirmation fait déjà son effet.

o A tout moment de la journée, faire un point de contrôle sur le maintien de notre aphorisme au gré des évènements de la journée qui se présentent à nous.

o Evaluation :
En fin de la journée, faire le bilan et vérifier si l'aphorisme a bien été respecté et si les affirmations ont trouvé résonance dans le vécu de la journée.
Evaluer avec une note sur 10, le niveau de concrétisation de l'intention en étant sincère et honnête avec soi.

- Si la note est à *7 et au-dessus* : le niveau de confiance augmente car la perception de l'intention devient de plus en plus tangible dans le vécu. Ainsi, on peut sereinement passer à l'aphorisme suivant avec toujours plus de joie.

- *Entre 4 et 6* : des questions demeurent sur la vérification de l'aphorisme et des affirmations et de leur impact sur notre journée. Cela ne veut pas dire que rien ne s'est produit, c'est juste que cela est plus subtil dans notre perception et qu'une part de nous n'a pas encore conscience de ce qui se passe.
Le processus est encore en cours et sera bientôt révélé.

- Si la note est à *3 et en dessous* : pas de crainte à avoir. Un événement ou une circonstance a fait que nous sommes sortis du contact avec notre nature véritable. Ce qui ne veut pas dire que rien ne se passe en profondeur.

Il s'agit de recommencer le lendemain et demander à notre nature profonde et divine davantage de clarté.
Et surtout ne pas se décourager : avec discipline, insistance et répétition, cela
viendra assurément.

- Recommencer l'ensemble du processus le lendemain avec toujours plus de conviction et de confiance.

Il existe davantage de ressources permettant d'aller plus loin et de cultiver la sérénité dont nous nous réclamons.

Pour les obtenir :
- se connecter au site internet de la Team-Serenite et se rendre sur les «**Espace Zen**» et «**Espace Ressource**»: https://bit.ly/teamserenite-siteofficiel
- prendre directement contact avec la Team-Serenite pour approfondir une circonstance ou un point particulier que la pratique de la Puissance de l'intention a pu révéler via le site et nos réseaux sociaux

A présent bienvenue dans la pratique de Juste pour Aujourd'hui, la Puissance de l'Intention...

Juste pour aujourd'hui,

je mesure le chemin parcouru,
je savoure la constance de ma progression...

Je prends conscience de tout ce qui m'a été donné de traverser chaque jour sur mon chemin de vie.

J'entre dès aujourd'hui dans la gratitude et savoure l'émerveillement de progresser encore et toujours dans les domaines qui vibrent en moi.

J'aime sentir la joie que me procure le succès dans chacune des opérations où je m'implique.

Juste pour aujourd'hui,

j'accueille mes émotions,
me libère et me transforme, en toute quiétude...

Je prends conscience de toutes les étapes me permettant d'accueillir au mieux mes émotions.

J'entre dès aujourd'hui dans un processus conscient de libération, pour moi
et pour tout ce qui me maintient en vie.

J'aime sentir la joie d'être transformé par cette libération et me laisser aller à la légèreté d'un moment intense et haut en vibration.

Juste pour aujourd'hui,

j'apprécie particulièrement ces moments de pause
où mon souffle est le plus bruyant des sons...

Je prends conscience du mental bourdonnant et le remercie instantanément en m'accordant une pause.

J'entre dès aujourd'hui dans une écoute de mon souffle et de mon cœur pour l'unifier à toutes les dimensions de mon être.

J'aime sentir le son de l'air qui entre avec tout l'amour de l'univers et qui sort en me laissant apaisé.

Juste pour aujourd'hui,

je canalise et diffuse l'énergie pour irradier la lumière
à tout ce qui respire...

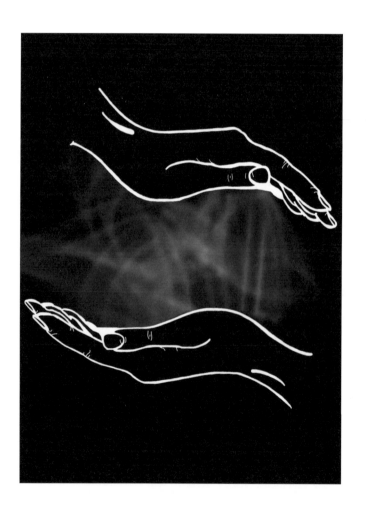

Je prends conscience de ma capacité transmettrice
de l'énergie spirituelle de vie.

J'entre dès aujourd'hui dans un lien privilégié avec
la source pour irradier toujours et davantage.

J'aime sentir la bienveillance et les visages
radieux me revenant avec élégance.

Juste pour aujourd'hui,

je prends conscience,
je fais, j'ajuste et je répète...

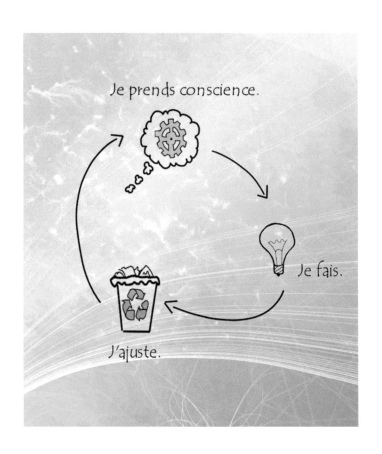

Je prends conscience de la foi qui m'anime à chaque seconde à tout instant.

J'entre dès aujourd'hui dans une dynamique d'action, de répétition et de progression dans tous mes domaines de vie.

J'aime sentir l'évolution constante se manifester et apporter toujours plus de valeur au monde.

Juste pour aujourd'hui,

je prends le temps de remercier pour tout ce qui fait que je suis...

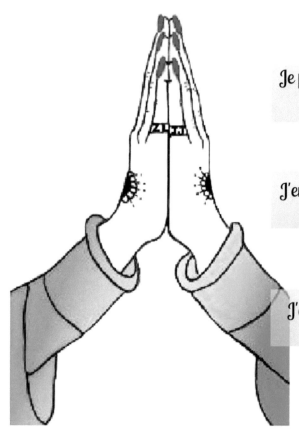

Je prends conscience de l'opportunité qui m'est offerte de pratiquer la gratitude.

J'entre dès aujourd'hui dans une vibration toujours plus élevée, celle de la grâce éternelle.

J'aime sentir cette onction qui me recharge et me nourrit de toute sa subtilité.

Juste pour aujourd'hui,

je me relie à mon enfant intérieur
pour y laisser éclater la joie d'être et de me réaliser...

Je prends conscience de l'enfant joyeux et émerveillé que j'abrite au gré de mon évolution.

J'entre dès aujourd'hui dans un rapport apaisé et nourri avec cet être insouciant et joyeux.

J'aime sentir la vibration positive, l'énergie et le rayonnement total accessible depuis le fond de mon coeur.

Juste pour aujourd'hui,

je soigne ma connexion avec l'Univers en m'y connectant et en formalisant mes demandes...

Je prends conscience de ma connexion divine et de la possibilité de demander.

J'entre dès aujourd'hui dans une relation privilégiée avec le subtil au plus près de ma nature véritable.

J'aime sentir la qualité des réponses au travers de mes perceptions et de la qualité de ma vibration.

Juste pour aujourd'hui,

je me mets en action pour répandre
l'Amour dans sa plus simple expression...

Je prends conscience de toute la quantité d'amour
qui réside en mon coeur.

J'entre dès aujourd'hui dans une profonde
relation avec mon être en m'accordant de la
compassion et de la considération.

J'aime sentir cet amour débordant jusque
dans mon entourage par effet de rebond et de
radiation.

Juste pour aujourd'hui,

je me relie aux éléments, à la nature
et à l'énergie pour toujours plus de conscience de qui je suis...

Je prends conscience encore et davantage des dimensions de mon être pour accueillir le sentiment d'unité.

J'entre dès aujourd'hui dans la reliance à l'énergie subtile, manifestée par les éléments naturels.

J'aime sentir les bienfaits de la connexion aux éléments par l'ensemble des cellules de mon corps.

Juste pour aujourd'hui,

je prends soin de mon véhicule d'énergie
qui me suit toute la durée de mon existence :
mon corps physique...

Je prends conscience de l'intelligence et des significations émotionnelles exprimées par les contractions de mon corps.

J'entre dès aujourd'hui dans une relation d'amour et une étude profonde de mon corps physique dans toute sa subtilité.

J'aime sentir les effets de mon corps se transformer à mesure que je le renforce et le nourris de tout ce dont il a besoin

Juste pour aujourd'hui,

j'ouvre la porte des possibles
avec l'intention de rester de l'autre côté...

Je prends conscience des possibilités multiples qui s'offrent à moi.

J'entre dès aujourd'hui dans un chemin qui me révèle et m'emmène droit vers ma réalisation personnelle.

J'aime sentir les Possibles se manifester à mesure que ma connexion au bien-être se réalise.

Juste pour aujourd'hui,

je crée, je transforme,
j'agis en conscience et reçois en abondance...

Je prends conscience des effets de mes actions
issues de mon désir profond de réalisation.

J'entre dès aujourd'hui dans un processus permanent de progression
et de transformation dans toutes les dimensions de mon être.

J'aime sentir les bienfaits de l'abondance se déposer dans toutes
les avenues de ma vie, sous toutes formes et en toute fluidité.

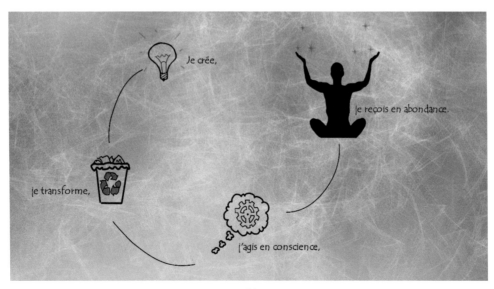

Juste pour aujourd'hui,

j'affine mon intuition et mon écoute interne pour toujours plus de messages subtils en conscience...

Je prends conscience de mes perceptions qui s'affinent au gré de ma relation profonde avec mon corps physique.

J'entre dès aujourd'hui dans l'écoute des messages et la perception des signes dont l'ensemble de mon parcours de vie regorge.

J'aime sentir la satisfaction à l'écoute de l'application des enseignements de la vie, pour mon bien-être et ma sécurité.

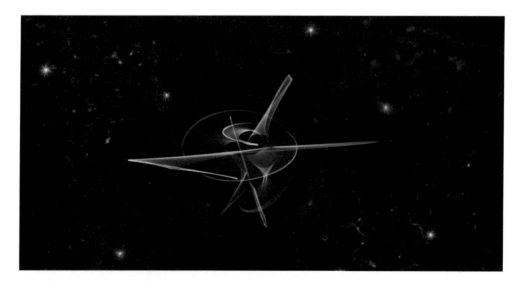

Juste pour aujourd'hui,

je me libère de toute perfection et
me réjouis de chaque progression...

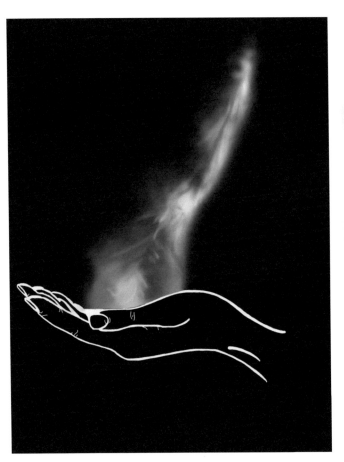

Je prends conscience de toutes les progressions réalisées
sur l'ensemble de mon parcours de vie.

J'entre dès aujourd'hui dans une démarche de
lâcher-prise total en cultivant le succès au quotidien.

J'aime sentir la joie d'accomplir les choses au gré de
ma détermination.

Juste pour aujourd'hui,

je ris, je m'éclate, je profite et je rigole encore...

Je prends conscience des effets de la joie dans le cadre de la transformation de mon état d'esprit.

J'entre dès aujourd'hui dans une relation belle et exaltée avec mon enfant intérieur rayonnant.

J'aime sentir la plénitude et le lâcher-prise à l'issue des rires et de la félicité.

Juste pour aujourd'hui,

je m'invite,
je me reçois,
je m'écoute,
je m'honore....

Je prends conscience de la profondeur de la relation que j'entretiens avec moi même.

J'entre dès aujourd'hui dans un rapport d'élégance et de compassion pour ma propre personne.

J'aime sentir la délicate attention que je me porte, dans mes gestes comme dans ma parole

Juste pour aujourd'hui,

j'accepte mes imperfections comme un trésor...

Je prends conscience de mon succès dans l'amélioration et la progression constante.

J'entre dès aujourd'hui dans un rapport apaisé avec moi-même en restant à l'écoute et à l'étude de tout ce qui se manifeste à moi.

J'aime sentir la vie me récompenser à mesure que j'agis avec persévérance et détermination.

Juste pour aujourd'hui,

le féminin qui est en moi est célébré...

Je prends conscience de la présence émotionnelle
et intuitive de ma féminité.

J'entre dès aujourd'hui en lien subtil et assumé avec
la part féminine que je contiens.

J'aime sentir les aspects féminins de ma personne
me compléter véritablement pour ce que je suis.

Juste pour aujourd'hui,

j'intègre et j'assume tout ce que je manifeste
pour un mieux-être certain et une liberté retrouvée...

Je prends conscience des possibles qui pavent le
chemin vers la liberté.

J'entre dès aujourd'hui dans le processus de
manifestation de mon histoire personnelle.

J'aime sentir les retours proposés par la vie,
créés par ma faculté de penser et de visualiser.

Juste pour aujourd'hui,

je suis canal de transmission sereine et bienveillance...

Je prends conscience de mes facultés de canal de l'univers

J'entre dès aujourd'hui dans la construction sincère et bienveillante avec tout ce qui m'entoure

J'aime sentir l'énergie positive et créatrice s'écouler à travers mon être.

Juste pour aujourd'hui,

je suis à l'étude de toutes les situations
qui me sont données d'expérimenter...

Je prends conscience de ma posture
d'observation et d'écoute interne et externe

J'entre dès aujourd'hui dans l'accueil des
informations déterminantes pour ma propre évolution.

J'aime sentir la manifestation de tous les
possibles qui me sont donnés d'étudier.

Juste pour aujourd'hui,

je donne du sens à mon intensité émotionnelle pour qu'elle devient intention compassionnelle...

Je prends conscience de la puissance du pardon sur mon chemin de libération

J'entre dès aujourd'hui dans une relation d'amour avec les parts blessées de mon être.

J'aime sentir la guérison et la libération totale de tout mon être dans toutes ses dimensions.

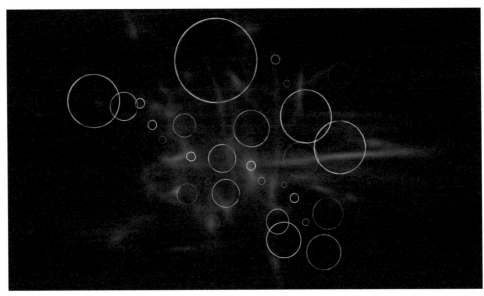

Juste pour aujourd'hui,

je me recentre, me repose,
observe ce qui bat en moi et me maintient...

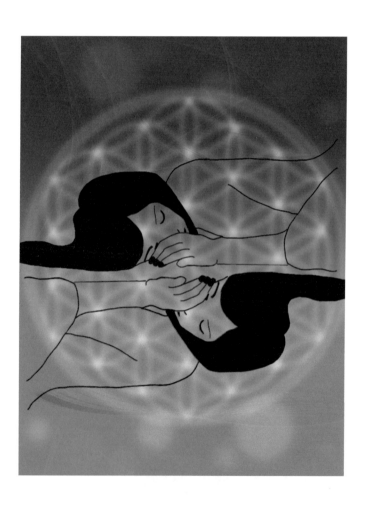

Je prends conscience du besoin fondamental d'écouter les messages de mon corps physique.

J'entre dès aujourd'hui dans un processus complet de régénération du corps et de consolidation du mental.

J'aime sentir mon cœur me maintenir et me parler en toute sincérité sur le bien-être qui le traverse en toute circonstance.

Juste pour aujourd'hui,

j'actionne toutes les ressources positives
pour être présent aux rendez-vous de la vie...

Je prends conscience du chemin parcouru jusqu'à l'échéance
transformatrice à laquelle je suis invité

J'entre dès aujourd'hui dans une exploitation des ressources
infinies dont je suis pourvu.

J'aime sentir mon être se réaliser au fur et à mesure que le
succès et le bien-être se manifestent dans mes perceptions.

Juste pour aujourd'hui,

je transmets, j'enseigne et je diffuse cet amour
si élégamment concentré en mon cœur...

Je prends conscience de l'amour puissant et
inconditionnel dont je suis investi à chaque instant.

J'entre dès aujourd'hui dans une fonction de canal
de transmission de cet amour puissant et généreux.

J'aime sentir la satisfaction des êtres et des cœurs touchés
par cette transmission pure, sincère et véritable.

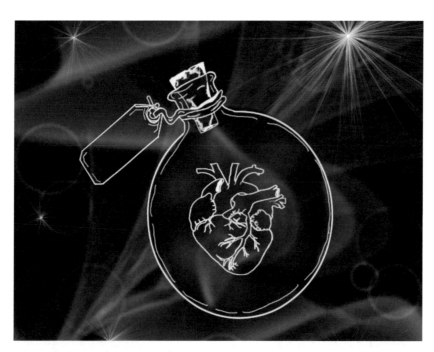

Juste pour aujourd'hui,

je suis vulnérable, je m'accueille, je demande,
je prie, je suis écouté, je suis libéré...

Je prends conscience du besoin fondamental
d'écouter les messages de mon corps physique.

J'entre dès aujourd'hui dans un processus complet
de régénération du corps et de consolidation du
mental.

J'aime sentir mon cœur me maintenir et me
parler en toute sincérité sur le bien-être qui le
traverse en toute circonstance.

Juste pour aujourd'hui,

je reçois et j'accueille tout ce que la vie me propose avec bienveillance, conscience et discernement...

Je prends conscience des possibilités infinies dont la vie regorge.

J'entre dès aujourd'hui dans la réception des bénédictions, des récompenses, traduction des semences précédemment effectuées.

J'aime sentir l'intelligence avec laquelle le discernement me permet d'exprimer en toute situation.

Juste pour aujourd'hui,

je transmets en conscience
tout ce que l'amour m'a enseigné, appréciation et sagesse...

Je prends conscience de mes facultés de transmission de
mes leçons et expériences.

J'entre dès aujourd'hui dans une relation à l'amour
véritable et à la source de vie.

J'aime sentir la sagesse résonner dans mon cœur et
dans toutes les dimensions de mon être

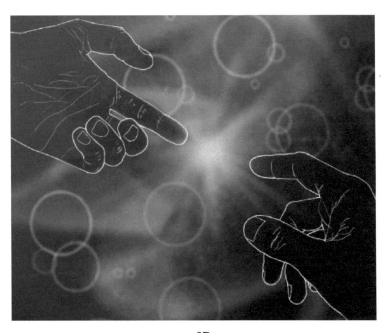

Juste pour aujourd'hui,

je suis conscience, témoin de ma propre existence,
émanation physique de ce qui est...

Je prends conscience définitivement de ce que
je suis et de ce qu'est mon moi véritable.

J'entre dès aujourd'hui dans un allègement
conscient de tout mon système de croyance

J'aime sentir mon corps physique refléter ce que
je pense et visualise en permanence.

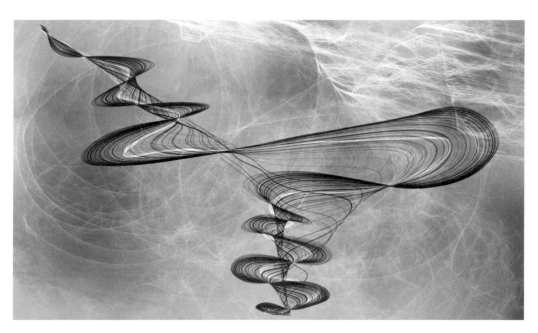

Juste pour aujourd'hui,

je mets de l'intensité et de la passion dans mes actions...

Je fais monter le feu sacré de mon ventre jusqu'à mes mains

Je me connecte à ce qui me met en joie et me transcende librement

J'affirme avec autorité mon énergie, dans l'amour de ce qui m'encourage et m'environne

39

Juste pour aujourd'hui,

l'amour se déverse dans mon être
pour transmettre douceur et compassion...

Je suis amour dans toutes les cellules de
mon être

Je ressens le doux, le beau et la quiétude
à chaque moment de mon expérience

Je me choisis en premier dans la
hiérarchie du cœur et de la générosité

Juste pour aujourd'hui,

mon cœur émotionnel se libère ...

Je réalise l'impact physique en lien avec l'énergie de mes émotions

Je pratique la libération émotionnelle avec confiance et certitude.

J'aime la sensation de libération et de renouvellement perçues dans l'ensemble de mon être

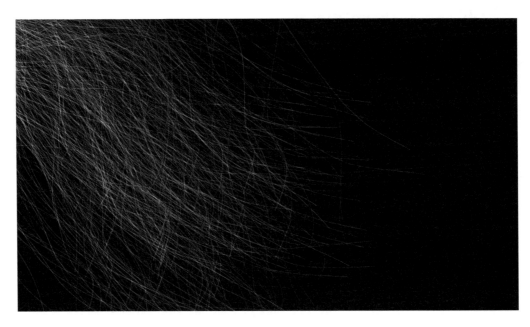

Juste pour aujourd'hui,

mon émotionnel se transforme en sérénité...

Je joue avec les idées de tranquillité, de quiétude et de béatitude

Je développe des pensées génératrices de sagesse et de comportements apaisés

J'incarne l'enseignement des pensées sages et deviens le phare qui irradie mon entourage

Juste pour aujourd'hui,

j'ai une foi extraordinaire et
débordante en mes capacités à me dépasser...

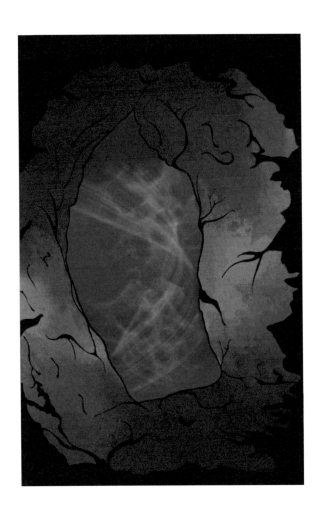

J'applique la loi de la relativité en conscience

Je me reconnais résilient et toujours plus fort
à chaque instant

Je crois dur comme fer à ce qui est en
train de se manifester pour mon bien être

Juste pour aujourd'hui,

mon mental est au service de mon esprit...

J'assume la logique et le fonctionnement de ma pensée

Je reconnais les forces plus intelligentes et plus savantes
comme des alliées de coeur à mon épanouissement

J'aime me sentir relâché et aligné dès que je lâche prise

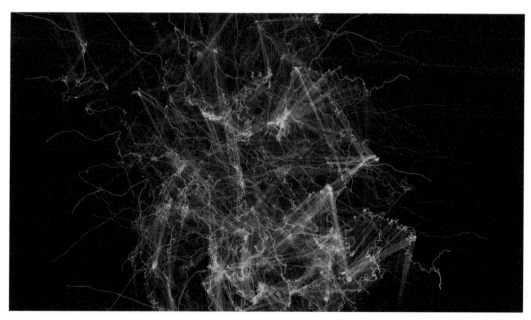

Juste pour aujourd'hui,

la vie est formée de la manière dont j'en dessine les contours ...

J'écris mon histoire de vie avec la sensation puissante qu'elle se manifeste

J'entre en harmonie avec ce qui vibre haut et fort pour moi

Je joue avec les idées les plus transformatrices et joyeuses dans le but de m'y épanouir

Juste pour aujourd'hui,

tout est fluide

et ce qu'il en reste s'aligne selon ma vibration sereine ...

Je prends conscience de la puissance de la loi de la vibration

J'entre dans le flot de mes actions en parfaite symbiose avec mon alignement résident

J'aime ce sentiment d'être porté par la vie , tout en souplesse et en quiétude

46

Juste pour aujourd'hui,

je m'immerge dans un océan de douceur et de sérénité...

Je me replie dans mon intérieur en y savourant la régénération du repos

Je développe une énergie de consolation et de réconciliation intérieure

Je ressens ici et maintenant le réconfort d'une étreinte où mon cœur se love

Juste pour aujourd'hui,

je suis reconnaissant et heureux
pour toutes les bénédictions reçues...

Je reconnais la puissance de la gratitude
comme une reliance à la Source de vie

Je me nourris de ce qui est nouveau et remercie
pour les merveilles dont cette vie regorge

Je célèbre mes succès et mes échecs en y
dessinant les contours de mon épanouissement

Juste pour aujourd'hui,

j'exploite mon potentiel créatif
jusqu'au bout des possibles...

Je suis persuadé de ma connexion à la source
d'inspiration infinie

Je réside dans le flot de création jusqu'aux
confins de l'inspiration

Je ressens la pleine satisfaction de produire une
oeuvre abondante et qualitative

Juste pour aujourd'hui,

je crée, j'expérimente
et je réalise en conscience tout ce qui amène de quoi se réjouir...

Je suis en joie, en permanence, dans un
sentiment d'émerveillement conscient

Je crée à partir d'un espace où les lois universelles
sont parfaitement intégrées à mon expérience

J'aime être cet instrument qui relie les êtres à
leur état de bien-être originel

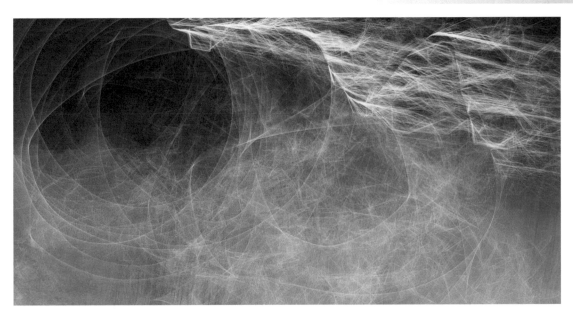

Juste pour aujourd'hui,

je me libère de toute colère
pour toujours plus d'amour et de sérénité...

J'accueille ma part sombre pour tout ce qu'elle est
et représente

Je recouvre ma colère de toute la lumière que
j'incarne et développe

J'aime revenir à mon axe en m'apportant toujours
plus d'amour et irradier la sérénité retrouvée

Juste pour aujourd'hui,

j'organise et visualise la réalisation parfaite
et complète de mon parcours de vie...

Je prends conscience que je suis en
absolue maîtrise de mon histoire de vie

J'ai foi en la manifestation de ce qui me
tient le plus à coeur

J'agis dès maintenant en conscience en
faisant de la place pour mes bénédictions

Juste pour aujourd'hui,

je prends conscience de la puissance réelle de l'environnement
que je construis...

Je mesure à quel point je suis meilleur
aujourd'hui qu'hier

Je crée mon conditionnement en y ajoutant de
nouvelles histoires inspirées d'idées joyeuses et
empruntes de liberté

Je me délecte de la puissance et de
l'amour que mon entourage me témoigne

Juste pour aujourd'hui,

j'apprécie, je remercie
et j'éprouve de la reconnaissance pour tout ce qui m'a amené jusqu'ici...

Je mesure la puissance de la résilience que j'incarne en étant meilleur de jour en jour

J'aime être en gratitude pour les forces et l'énergie qui me maintiennent en sérénité

Je deviens toujours plus relié à la Source créatrice par l'énergie de gratitude que j'éprouve ici et maintenant

Juste pour aujourd'hui,

j'ai la foi, le courage, la patience, la détermination...

J'observe cette saison de mon parcours où je mesure mes progrès et mon évolution

Je fais le choix de voir ce en quoi je crois

Je m'engage dans ma démarche de succès et de manifestations favorables à mon bien-être

Juste pour aujourd'hui,

je m'encourage inlassablement et
attire le bien-être venant à se manifester...

Je deviens mon propre coach et ma
première source de motivation

Je sens la résilience et les efforts que je
fournis se transformer en résultats
favorables

J'aime cette lumière qui croît en moi
à mesure que je crois en moi

Juste pour aujourd'hui,

je partage mon énergie et
mon humeur sereine à tout ce qui respire...

Tout ce que je partage décuple les effets
positifs sur le monde intérieur

Je choisis la sérénité comme valeur positive et
transformatrice pour tout ce que je manifeste

J'aime voir mon environnement se développer
et s'enrichir des mes joies et sourires

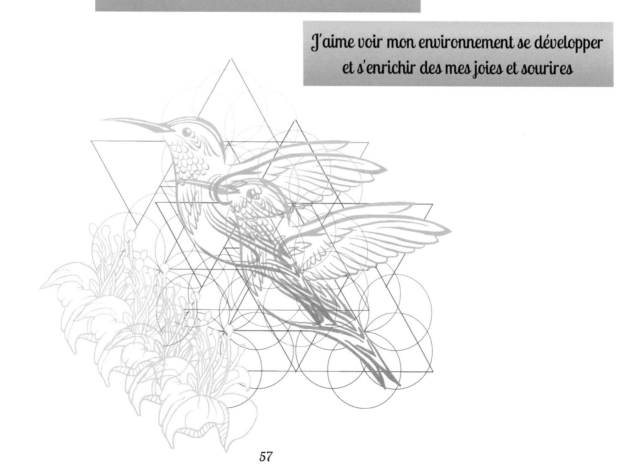

Juste pour aujourd'hui,

je goûte chaque moment comme une leçon de sagesse ...

Je chemine un peu plus davantage vers la connaissance de qui je suis

Je perçois toujours davantage les effets des leçons apprises du passé

Je suis le sage représenté en exemple de mes représentations

Juste pour aujourd'hui,

j'ai une confiance en moi m'autorisant à rayonner tel un rayon de soleil...

J'autorise la lumière qui jaillit en moi à entourer mes corps subtils

J'ai foi en l'avenir, comme j'ai foi au présent que je crée guidé par les enseignements de la Source de vie

Je m'estime à valeur croissante, en harmonie avec ce qui est juste et bon pour moi

Juste pour aujourd'hui,

j'adapte et transforme chaque situation
en énergie de triomphe...

Je suis en mouvement et libère l'énergie
favorable à ma transformation sereine

J'entre dans le processus mécanique du
succès et de l'accomplissement

Je déguste le goût de la victoire et m'enivre
de joie et de liberté

Juste pour aujourd'hui,

je décide de qui je dois être
pour atteindre les objectifs fixés...

Je transforme mes rêves en objectifs conscients,
atteignables et accessibles

Je deviens toujours davantage ce en quoi j'aspire

Je perçois le processus de changement et l'embrasse
avec passion et détermination

Juste pour aujourd'hui,

je m'exprime positivement clairement
en toute décontraction...

Je prends conscience du pouvoir des mots et les
laisse résonner en moi pour mon bien-être

J'incarne la souplesse et la fluidité de communication

Je fais le choix de la clarté dans mes déclamations et
prises de parole

Juste pour aujourd'hui,

je m'amèliore et progresse à chaque action réalisée...

Je prends pleinement conscience de mon potentiel véritable

Je mesure véritablement l'étendue de ma progression permanente

Je me réjouis de la sensation de progression en maintenant mon énergie la plus élevée

Juste pour aujourd'hui,

je me nourris de savoirs ancestraux et j'applique les lois universelles...

Je m'informe continuellement sur le véritable potentiel de la connaissance

Je laisse infuser la puissance des savoirs dans chacune de mes cellules

Je mets en application de manière consciente toute la dynamique des lois universelles

Juste pour aujourd'hui,

je suis en paix...

Je marque la pause en appréciant ma régénération

Je sonde mon être intérieur et le remercie
de m'aider à me maintenir

Je suis en paix car je suis la paix

Juste pour aujourd'hui,

je progresse à tout instant
vers ma pleine réalisation...

Je prends conscience de l'effectivité de mon histoire de vie

J'accueille l'idée de progresser comme une opportunité d'atteindre la plénitude

J'aime sentir mon accomplissement en pleine expression sur toutes les allées de mon parcours

Juste pour aujourd'hui,

je prends conscience de ce qui est absolu et que j'incarne...

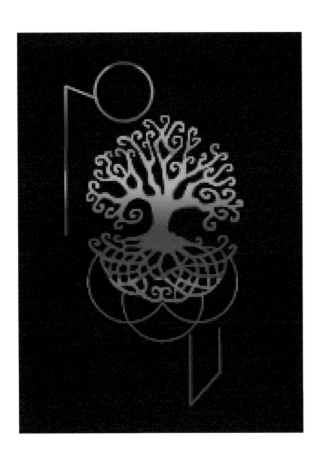

J'assume la réalité que je crée et expérimente à chaque instant

J'intègre ce qui me précède comme l'enseignement à appliquer

Je m'approuve en étant relié à tout ce qui respire

Juste pour aujourd'hui,

je contribue au bien-être de tout ceux
qui y aspire...

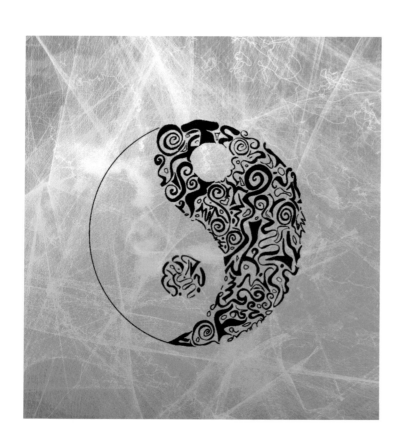

Je suis solidaire et relié à l'énergie de mon
environnement

J'apporte mon soutien sincère et inconditionnel
à celui qui en fait la demande avec le cœur

Je me nourris des prises de conscience et de la
lumière émanant de l'idée de collaboration

Juste pour aujourd'hui,

je suis conscient de la puissance, de la beauté de l'éclat physique sous toutes ses formes et rayonne ainsi en toute sérénité...

Je m'émerveille de ce qui est beau et m'en imprègne jusqu'au coeur de mes cellules

Je vis le serein comme la juste réflexion de la beauté sur mon âme

J'incarne le phare, garant de la lumière qui se reflète à travers mon aura

Juste pour aujourd'hui,

je progresse et
m'assagis en toute circonstance...

Je chemine vers la sagesse d'un pas serein et assumé

J'accueille l'idée de devenir meilleur telle une bénédiction

Je chéris chaque situation comme une opportunité de mieux être

Juste pour aujourd'hui,

je fais en sorte
que mes actions influent positivement sur le monde...

Je me connecte à chaque instant à ma nature véritable

Je manigance et conspire pour la joie au-delà de mes sphères d'influence

Je me remets en recherche d'idées et de vibrations qui élèvent mon conditionnement

Juste pour aujourd'hui,

prendre soin de mon être
dans toutes ces dimensions est une priorité...

Je mesure l'état de mes corps physiques et subtils
et agis dès maintenant pour leur sublimation

Je pose ma limite en favorisant ma condition et ma
liberté d'action

Je prends conscience des différentes couches de
mes corps et les embrasse dans ma vérité

Juste pour aujourd'hui,

je suis immensément reconnaissant
de toutes les expériences vécues et présentes...

Je me connecte à la gratitude pour toute
l'énergie que je suis amené à cultiver

J'applique les leçons du passé avec coeur
et confiance

Je rends grâce à tout ce qui respire pour les
progrès réalisés tout au long du parcours

Juste pour aujourd'hui,

je connecte avec la foi et la puissance
dont je suis doté...

Je mesure la divinité résidente dans mes
capacités d'action

Je rends grâce pour toutes les faveurs qui me
sont accordées

Je laisse les enseignements de la
guidance gagner mon corps physique

Juste pour aujourd'hui,

je suis dans un environnement prospère et
bienveillant qui favorise mon développement...

Je m'émerveille de la beauté de mon entourage

Je me laisse inspiré et gagné par l'inspiration
que me suggère la nature environnante

J'accueille le succès et la croissance
comme cadeau de valeur pour mon être

Juste pour aujourd'hui,

je passe par l'inexploré
pour obtenir tout ce que j'ai cherché...

J'embrasse ma curiosité et abreuve ma soif de découverte

J'accueille la réussite et le succès dans toutes mes cellules

Je ressens l'ouverture du cœur et la portée de l'action juste

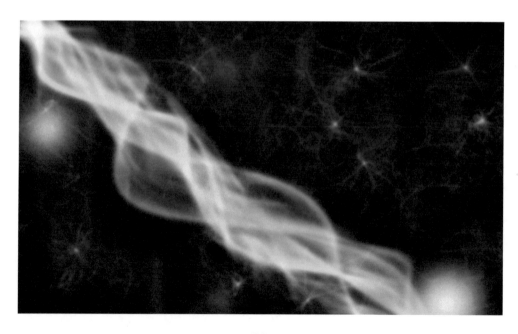

Juste pour aujourd'hui,

je garde l'objectif en vue...

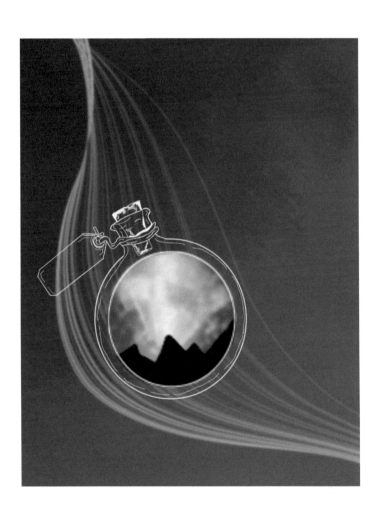

Je suis confiant sur l'accomplissement de
mon action globale

Je fais preuve de patience
en observant la concrétisation de mon projet

J'aime sentir la victoire s'approcher
au gré des circonstances

Juste pour aujourd'hui,

je me nourris de tout ce qui est positif,
en permanence, en toute quiétude...

J'incarne la sérénité, le succès et l'amour

J'accueille tout ce qui est bon pour moi avec gratitude et confiance

Je m'ouvre au flux d'abondance tout en récoltant le fruit de mes récompenses

Juste pour aujourd'hui,

je mets en application les leçons apprises...

Je rends grâce à mes échecs
pour la valeur qu'ils m'apportent

Je m'entraîne à progresser et à me
renforcer

Je gagne en confiance à mesure que
les enseignements s'intègrent en moi

Juste pour aujourd'hui,

j'apprends et transmets
tout ce que l'énergie de la vie signifie...

Je fais preuve d'enthousiasme et de vitalité à l'idée de transmettre les leçons de vie

J'aime sentir le retour positif des étudiants de la vie

Je suis élève et apprenti de la sagesse que je choisis d'incarner

Juste pour aujourd'hui,

j'étends mon rayonnement tel un sourire sur un visage...

Je deviens un phare pour mon environnement et ma communauté

Je fais preuve d'exemplarité en mettant le geste à ma parole

J'aime sentir cette lumière inspirée de la source qui me remplit de joie

Juste pour aujourd'hui,

je décide de faire en sorte que cette journée compte
en y étant acteur positif de premier plan...

Je prends les initiatives
pour mon bien-être et celui de ceux qui m'entourent

Je suis acteur et responsable de ce qui se présente à
moi

J'aime rebondir positivement
sur les aléas et circonstances de mon succès

Juste pour aujourd'hui,

je prends conscience de ce qui est ...

J'aime être le reflet de la création,
ce que la Source permet d'instaurer

Je me connecte en permanence
à plus grand et plus large que mon être

J'aime sentir la paix et la sérénité
s'établir dans mes perceptions

Juste pour aujourd'hui,

je me transcende, me dépasse,
fais toujours mieux, me réalise...

Je mesure la progression vers la réalisation
de mon histoire de vie à chaque instant

J'aime me dépasser, m'étirer, me surpasser

Je sens mon corps et mon esprit s'aligner
dans le dépassement de moi-même

Juste pour aujourd'hui,

je ralentis mon activité
en accélérant mon bien-être...

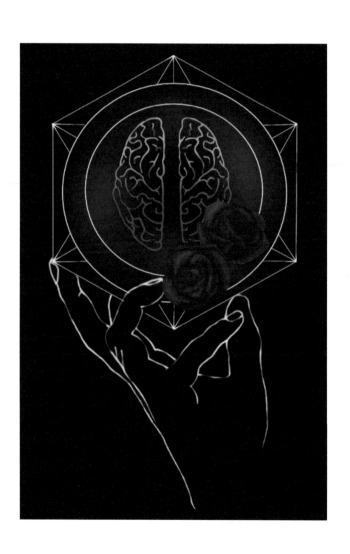

Je scanne l'état de mon corps physique et
le remercie de prendre soin de moi

Je fais monter ma vibration en nourissant
mon corps de ce qu'il y a de meilleur

Je jouis de mes rétributions en m'honorant
en premier

Juste pour aujourd'hui,

je prends conscience des projections reçues d'autrui
pour les transformer en lumière divine...

Je suis guidé, protégé et béni

Je prends soin de ce qui m'entoure
comme moi-même

J'aime être ce phare qui fait référence
aux être chercheurs de vérité

Juste pour aujourd'hui,

je m'adapte aux situations
et me réjouis des réponses obtenues...

Je suis souple et agile en toute
circonstance

J'accueille tout ce que la vie a
à m'apprendre pour mon bien-être

J'apprécie le sentiment de progression
à chaque clin d'œil de la vie

Juste pour aujourd'hui,

je donne le maximum
et tout ce qui s'en rapproche...

Je suis au sommet de mon art
et de ma créativité

J'aime sentir mon énergie me porter
et mon inspiration me guider

Je progresse et évolue vers le mieux à
tout moment que ma conscience s'élève

Juste pour aujourd'hui,

pour plus de fluidité dans mes actions,
je demande de l'aide...

J'aime sentir la proximité de mon entourage porteur

Je lève mes limitations et j'entrevois un immense champs de possibles

Je prends conscience de la solidarité résidente tout autour de moi

Juste pour aujourd'hui,

prendre soin de mon être dans toutes ses dimensions...

Je prends conscience des messages
de mon corps physique

Je me libère de tout mon potentiel émotionnel
pour atteindre l'équilibre et la sérénité

J'aime me sentir guidé et protégé
par mes corps subtils

Juste pour aujourd'hui,

je prends de l'altitude en savourant l'horizon
qui s'éclaire et se purifie...

Je me réjouis à l'idée de me placer au
sommet de mon champ de conscience

J'aime voir le champ infini des idées se
proposer comme l'ouverture vers d'autres
possibles

Je cultive, la clarté, l'ordre des idées,
l'harmonie sereine manifestée

Juste pour aujourd'hui,

je me félicite et m'accueille chaleureusement...

Je m'encourage à la réalisation de toutes
mes actions

De plus en plus,
le succès s'invite dans mon vécu

J'adore l'idée d'assumer mes victoires
dans ma plus haute vibration

Juste pour aujourd'hui,

j'actionne mon pouvoir créateur
en composant la musique du succès et de l'épanouissement...

Je reconnais l'énergie divine et créatrice
qui réside en moi

Je compose avec toutes les notes de subtilité
et de joie dont je suis inspiré

Je m'épanouis à concrétiser et
réussir toute action que j'entreprends

Juste pour aujourd'hui,

j'accueille et je m'adapte
à cette formidable quantité d'énergie d'amour
qui prend forme aux alentours...

Je suis conscient de mes facilités
d'adaptation aux circonstances

J'aime ressentir l'amour, constituant
de mon énergie

J'aime me sentir flexible et étendu à
toutes les situations que je crée, en
conscience

Juste pour aujourd'hui,

je m'approche de ma limite pour me rendre compte
qu'elle est moins signifiante que moi-même...

Je goûte à la sensation de sortir de ma
zone de confort

J'allume le feu de la joie extatique de
me dépasser

Je vois une connexion proche, intime et
chaleureuse avec mon être véritable

Juste pour aujourd'hui,

je ravive la flamme de l'espoir,
du bonheur intérieur et de la jubilation universelle...

Je me connecte à la joie et au bonheur de
mon être véritable

Je suis le feu sacré, la passion incarnée
et le vivant reconnecté

J'adore l'idée de me laisser aller à la
transformation positive de mon état d'être

Juste pour aujourd'hui,

je contemple les possibles et récolte
ce que j'en ai fait...

J'accueille l'immensité de mon potentiel
sous toutes ses formes

Je recueille chacune de mes bénédictions
et rends grâce pour chacune d'entre elles

Je prends conscience de mon
potentiel victorieux et transformateur

Juste pour aujourd'hui,

je cadence ma vibration à la puissance et
à la dimension du soleil couchant...

Je me réjouis de pouvoir me connecter à plus
grand que moi-même

Mon rythme et ma connexion avec les éléments
s'unifient en formant la plus belle harmonie

J'aime sentir mon corps se transformer de l'intérieur,
là où mes cellules se régénèrent en douceur

Juste pour aujourd'hui,

j'ajoute de l'arôme et des épices
dans la cuisine de mon bonheur intérieur...

Je perçois les arômes de la joie comme un additif pétillant à mon expérience

Je cultive les recettes les plus savoureuses à mon bien-être

Je ressens les effets de l'accomplissement et les savoure avec amour

Juste pour aujourd'hui,

je donne une émulsion de sérénité
à mes actifs matériels et à mon état psychique...

Je pense et vibre la quiétude par mes
inspirations et mes idées

Je prends conscience des cadeaux
et des grâces reçus ici et maintenant

Je consacre mon énergie à
contribuer pour le bon et le juste

Juste pour aujourd'hui,

j'ai une vision claire, nette, précise, dégagée
et imprenable de mes objectifs de vie...

Je réalise mon histoire de vie et en mesure
les effets et les vibrations

J'entre dès aujourd'hui dans l'accomplissement
de mes projets
et l'aboutissement de mon parcours de sérénité

J'aime sentir la clarté se manifester
dans mes perceptions et mes sensations

Juste pour aujourd'hui,

j'ai foi en moi, je vois ce en quoi je crois
et en qui je suis...

J'ai confiance en mon potentiel véritable

J'entre dès aujourd'hui dans une démarche
de connaissance véritable de mon être

Je ressens la concrétisation et la puissance
dont je suis investi par la source

Juste pour aujourd'hui,

je reviens à mes essentiels :
je moi même (m'aime)...
Ainsi il y aura ce qu'il faut pour autrui...

J'approuve et apprécie l'énergie de vie qui me transporte à chaque instant

Je suis le phare de mon entourage qui s'enquit de la sagesse que j'incarne

Je goûte à l'unité au sein de mes relations et à la joie de partager au sein de mes conditionnements

Juste pour aujourd'hui,

je me mobilise au-delà du tangible pour
l'accomplissement de toutes mes actions...

Je demande l'aide et reçois des bénédictions
automatiquement

J'entre en relation avec la création
pour me porter vers le succès et l'accomplissement

Je ressens l'énergie de la vie qui me porte me
soutenant dans l'ensemble de mes projets

Juste pour aujourd'hui,

je garde la sérénité
en support de toutes circonstances...

J'apprécie les effets que la sérénité procure

Je laisse mon coeur serein battre et remplir toutes mes
cellules de quiétude et de sagesse

Mon univers tout entier est harmonieux,
fluide et calme

Juste pour aujourd'hui,

je développe la compréhension fine de ce qui est,
cette chose perçue comme une immense joie...

Je prends conscience de l'essence de la vie
et de tout ce qui s'y rattache

Je suis actif dans la manifestation de la
joie à tous les étages de ma tour de vie

Je communique cette joie dans le concret
comme dans le subtil à tout ce qui respire

Juste pour aujourd'hui,

je conjugue le temps de ma transformation au présent
et agis avec confiance et détermination...

J'accueille les bouleversements et les améliorations
comme un cadeau pour ma sérénité

J'aime me sentir en confiance
et galvanisé par mon processus de transformation

Je savoure la détermination et l'énergie de
conquête qui gagne mon être

Juste pour aujourd'hui,

mes échecs passés sont les graines de mes actuels succès.
L'apprentissage est mon plus beau cadeau...

Je prends conscience ici et maintenant de la portée
de mes actions passées sur mes succès actuels

J'accueille mes échecs comme des leçons destinées
à me diriger vers le succès

Je me réjouis à l'idée de me former et d'initier la
mécanique du succès

#Team-Serenite

Contact : **teamserenite@gmail.com**

Site web : **http://bit.ly/teamserenite-siteofficiel**